Thayanne Gabryelle • Vilza Carla

Nova Edição

ESSA MÃOZINHA VAI LONGE

Caligrafia

1

Educação
Infantil

Editora
do Brasil

Dados Internacionais de Catalogação na Publicação (CIP)
(Câmara Brasileira do Livro, SP, Brasil)

Gabryelle, Thayanne
Essa mãozinha vai longe: caligrafia 1: educação infantil / Thayanne Gabryelle, Vilza Carla. – 5. ed. – São Paulo: Editora do Brasil, 2019.

ISBN 978-85-10-07443-8 (aluno)
ISBN 978-85-10-07444-5 (professor)

1. Caligrafia (Educação infantil) I. Carla, Vilza. II. Título.

19-26133   CDD-372.634

Índices para catálogo sistemático:

1. Caligrafia: Educação infantil 372.634
Maria Alice Ferreira – Bibliotecária – CRB-8/7964

Direção-geral: Vicente Tortamano Avanso

Direção editorial: Felipe Ramos Poletti
Gerência editorial: Erika Caldin
Supervisão de arte e editoração: Cida Alves
Supervisão de revisão: Dora Helena Feres
Supervisão de iconografia: Léo Burgos
Supervisão de digital: Ethel Shuña Queiroz
Supervisão de controle de processos editoriais: Roseli Said
Supervisão de direitos autorais: Marilisa Bertolone Mendes

Supervisão editorial: Carla Felix Lopes
Edição: Monika Kratzer
Assistência editorial: Beatriz Pineiro Villanueva
Auxílio editorial: Marcos Vasconcelos
Copidesque: Sylmara Beletti
Revisão: Alexandra Resende e Andréia Andrade
Pesquisa iconográfica: Elena Ribeiro
Assistência de arte: Carla Del Matto e Lívia Danielli
Design gráfico: Talita Lima
Capa: Talita Lima
Edição de arte: Patricia Ishihara
Imagem de capa: Luara Almeida
Ilustrações: Camila de Godoy, Carolina Sartório, HeartCRFT/Shutterstock.com (ícones) e Silvana Rando
Coordenação de editoração eletrônica: Abdonildo José de Lima Santos
Editoração eletrônica: Gabriela César e Wlamir Miasiro
Licenciamentos de textos: Cinthya Utiyama, Jennifer Xavier, Paula Harue Tozaki e Renata Garbellini
Controle de processos editoriais: Bruna Alves, Carlos Nunes, Rafael Machado e Stephanie Paparella

5ª edição / 7ª impressão, 2024
Impresso na Pifferprint

Avenida das Nações Unidas, 12901
Torre Oeste, 20º andar
São Paulo, SP – CEP: 04578-910
Fone: +55 11 3226-0211
www.editoradobrasil.com.br

Apresentação

Olá, querida criança!

Este é seu livrinho de Caligrafia!

Nele, você encontrará muitos exercícios atrativos e coloridos, que a estimularão a fazer traçados, pinturas e atividades lógicas como padrões e sequências, a escrever letras e números com legibilidade e fluência, a reconhecer formas geométricas e a construir muitos outros conhecimentos.

Tudo isso por meio de brincadeiras, já que sabemos que você adora brincar, não é mesmo? Assim, você realizará as atividades escolares com prazer e alegria.

Um grande beijo das autoras.

Canção para aprender a escrever

Pego o lápis com três dedos
Deixo dois a descansar,
Seguro pertinho da ponta.
Vou escrever, vou desenhar!

Com o pulso dobradinho
Suavemente na mesinha,
Vou brincando e cantando
Ao traçar cada letrinha.

Cantiga escrita especialmente para esta obra.
(Melodia: Terezinha de Jesus.)

Currículos

Thayanne Gabryelle*

- Licenciada em Pedagogia

- Especializada em Pedagogia aplicada à Música, à Harmonia e à Morfologia

- Professora do Ensino Fundamental nas redes particular e pública de ensino por vários anos

- Professora do curso de formação de professores do Ensino Fundamental

- Autora de livros didáticos de Educação Infantil e Ensino Fundamental

*A autora Celme Farias Medeiros utiliza o pseudônimo de Thayanne Gabryelle em homenagem à sua neta.

Vilza Carla

- Graduada em Pedagogia, com habilitação em Orientação Educacional

- Pós-graduada em Psicopedagogia

- Autora da **Coleção Tic-Tac – É Tempo de Aprender**, de Educação Infantil, pela Editora do Brasil

- Vários anos de experiência com crianças em escolas das redes particular e pública, nas áreas de Educação Infantil e Ensino Fundamental

Sua mãozinha vai longe...

Ó mãozinhas buliçosas!
Não me dão sossego e paz,
Volta e meia elas aprontam
Uma reinação: zás-trás!
[...]

Mas se chegam carinhosas
Quando querem me agradar
— Que delícia de mãozinhas!
Já não posso me zangar...

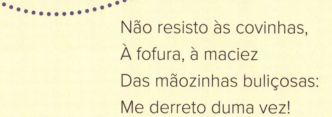

Não resisto às covinhas,
À fofura, à maciez
Das mãozinhas buliçosas:
Me derreto duma vez!

Tatiana Belinky. **Cinco trovinhas para duas mãozinhas**.
2. ed. São Paulo: Editora do Brasil, 2008. p. 4, 11 e 12.

Sumário

Coordenação motora

Ó raio, ó Sol, suspende a Lua.
Olha o palhaço no meio da rua!

Chula de palhaço.

Pintura livre.

Quero cantar, ser alegre
Que a tristeza não faz bem.
Ainda não vi tristeza
Dar de comer a ninguém.

Quadrinha.

Cubra as linhas usando canetinha hidrocor nas cores indicadas.

O que faz o Juvenal?
Ele faz miau, miau!

Rima elaborada especialmente para esta obra.

Ajude o gatinho a chegar até seu pote de comida pintando as bolinhas nas cores indicadas.

Meu caminhão, meu caminhãozinho
Viaja pra longe, amigão.
Vai até o outro lado,
Vai buscar o meu pião.

Quadrinha elaborada especialmente para esta obra.

Cubra os pontilhados e pinte cada caminhão da mesma cor do bastão em que ele está amarrado.

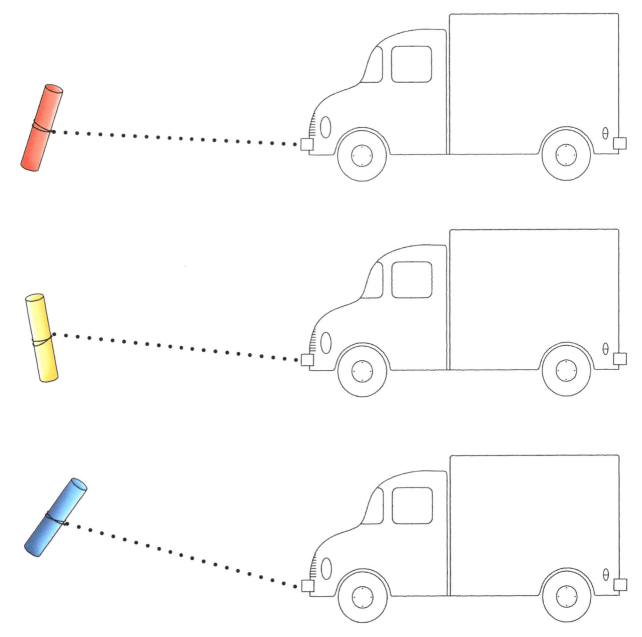

Joaquim saiu para passear.
Quem será que ele vai encontrar?

Leve Joaquim até Alice passando de brinquedo em brinquedo.

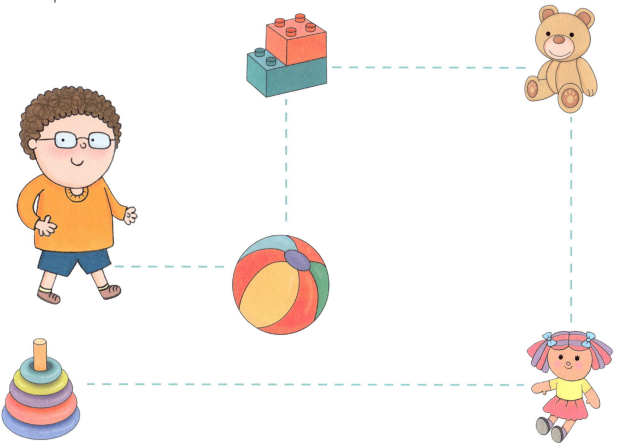

A tartaruga, bem contente,
Gosta de passear.
Com seus passinhos lentos,
Ela segue devagar.

Quadrinha elaborada especialmente para esta obra.

Ligue os pontinhos usando giz de cera. Depois, cole papel de seda picado sobre o casco da tartaruga.

Mamãe ovelha está procurando seus filhotes.

Desenhe mais bolinhas coloridas pelo caminho para levá-la a eles.

Xô, passarinho,
Voa ligeiro pro seu ninho!

Passe o dedo sobre o pontilhado e, depois, cubra com lápis de cor para levar o passarinho ao ninho dele.

Cubra o tracejado das bolinhas observando a cor indicada. Depois, desenhe e pinte mais bolinhas.

O que é, o que é?

Ouro não é, prata não é.
Abra a cortina e verás o que é.

Adivinha.

Cubra o pontilhado e descubra a resposta da adivinha.
Depois, cole pedacinhos de papel **amarelo** na casca da fruta.

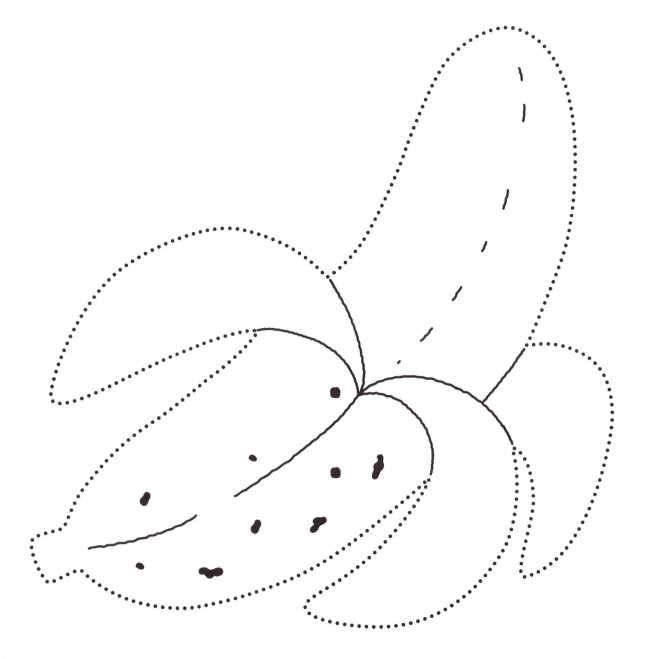

Leve o pinguim até o mar traçando uma linha sem encostar nas bordas.

O sapinho pula, pula cá.
Pula, pula lá.
O sapinho pula tanto
Que depois vai descansar.

Quadrinha elaborada especialmente para esta obra.

Molhe o dedo na tinta, siga as setas e trace os pulos que o sapo deu.

A dona aranha

A dona aranha subiu pela parede.
Veio a chuva forte e a derrubou.

Cantiga.

Cubra os tracejados. Depois, trace livremente a teia da última aranha.

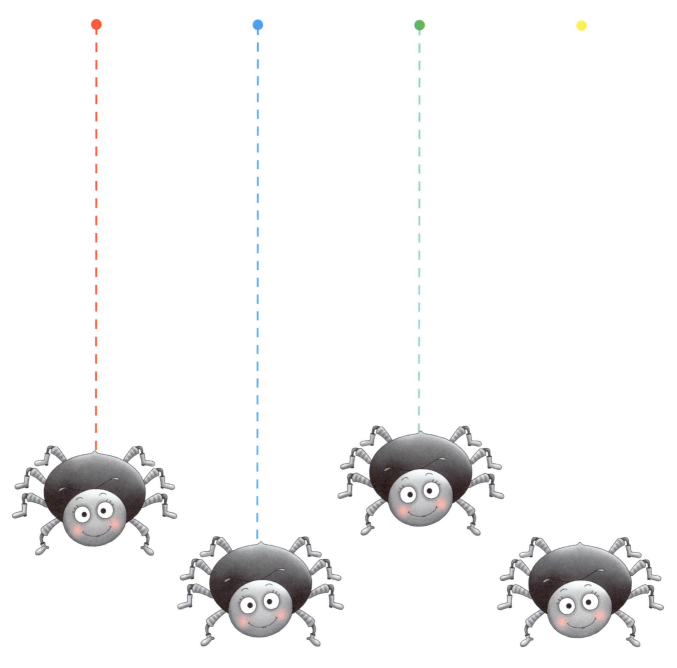

O macaco adora bananas,
mas come uvas também,
afinal, frutas fresquinhas
não fazem mal a ninguém!

Vamos aprender palavras. São Paulo:
Libris Editora, 2013. p. 4.

Sem sair do limite, trace o caminho que o macaco percorrerá até seu irmão.

Upa, upa, cavalinho
Meu potrinho alazão.
Vem correndo ligeirinho,
Vem comer na minha mão.

Quadrinha elaborada especialmente para esta obra.

Cubra o pontilhado. Depois, termine de pintar o bichinho.

A abelha-rainha
Parece meio cansadinha.
Vou lhe contar um segredo:
Até o seu mel anda azedo.

Denise Rochael. **Proibido para maiores.**
São Paulo: Formato Editorial, 2010. p. 4.

Ajude a abelhinha a fazer seu caminho até a flor cobrindo o tracejado com cola colorida.

À noite, na floresta escura,
A pequena coruja voa segura.

Rima elaborada especialmente para esta obra.

Leve a coruja para brincar com suas amiguinhas ligando as florzinhas iguais.

Joaninha, voa, voa,
Que teu pai está em Lisboa,
A tua mãe, no moinho,
A comer pão com toucinho.

Lenga-lenga.

Trace uma linha sobre o contorno da joaninha.

Conceitos básicos

Tamanho

Circule os patos **grandes** e faça um risco nos patos **pequenos**.

Titelio/Dreamstime.com

Desenhe no quadro **verde** um balão **maior** que o de Talita.

Desenhe no quadro **vermelho** uma bola **menor** que a de Bento.

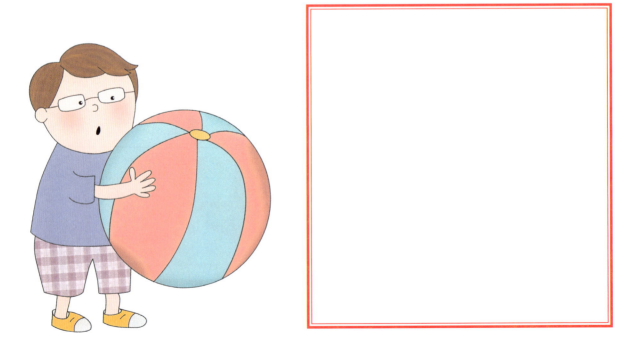

Quantidade

Leve cada coelho até suas cenouras.

Pinte de **azul** o coelho que tem **menos** cenouras e de **amarelo** o coelho que tem **mais** cenouras.

Cole **muitas** lantejoulas dentro da caixa de Olívia e **poucas** lantejoulas dentro da caixa de Renato.

Comprimento

Cubra os tracejados.

Depois, circule o robô que tem as pernas mais **compridas** e faça um risco no robô que tem as pernas mais **curtas**.

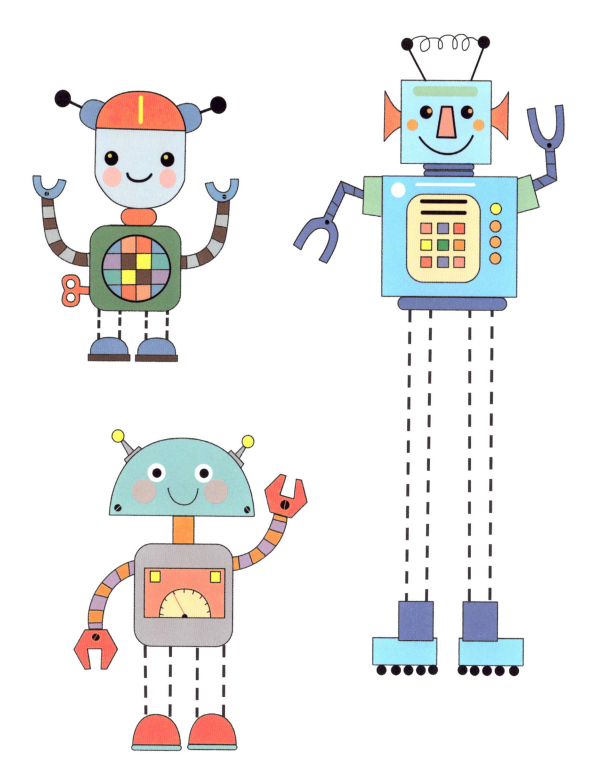

Cubra os pontilhados.

Depois, pinte de **vermelho** os carrinhos que têm cordões **longos** e de **verde** o carrinho que tem cordão **curto**.

Espessura

Acerte a bola no pino de boliche mais **grosso**, traçando um risco, e, depois, circule o pino mais **fino**.

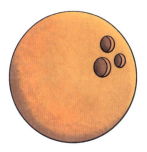

Peso

Pinte os bichinhos de acordo com a legenda.

o mais **pesado**

o mais **leve**

Vogais

Vogal a

Com o dedo, treine o movimento correto da letra a.
Depois, pinte-a com giz de cera.

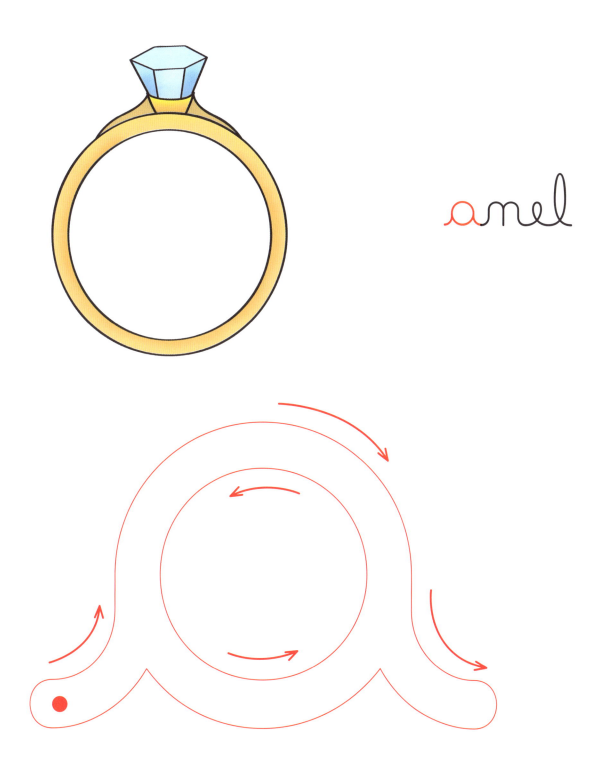

anel

Diga o nome da figura e cubra o tracejado da letra a.

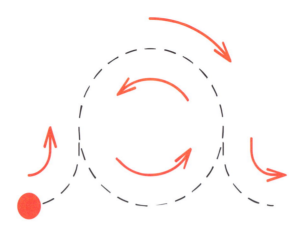

abelha

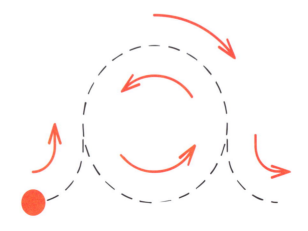

Pinte o avião e cubra o tracejado da vogal a.

A letrinha a é redondinha
E parece uma bolinha.
No fim tem uma perninha
Como fica bonitinha.

Cantiga elaborada especialmente para esta obra.
(Melodia: Ciranda, cirandinha.)

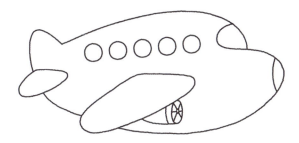

avião

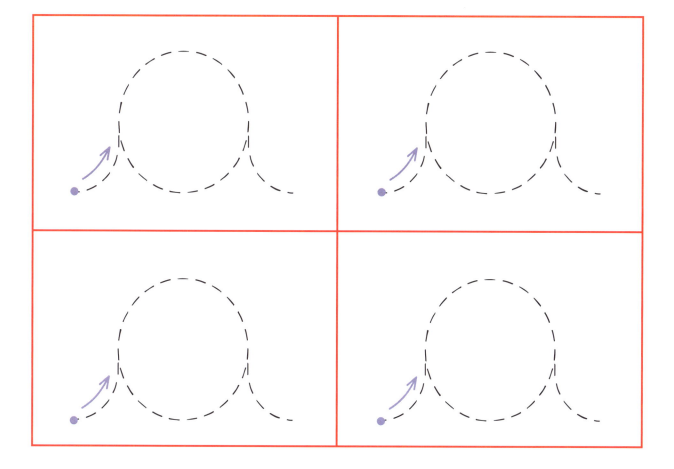

Cubra o tracejado da vogal **a** e escreva-a nos quadros vazios.

abacaxi

Vogal e

Com o dedo, treine o movimento correto da letra e.
Depois, pinte-a com giz de cera.

ema

Diga o nome da figura e cubra o tracejado da letra ℓ.

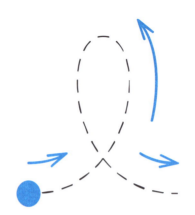

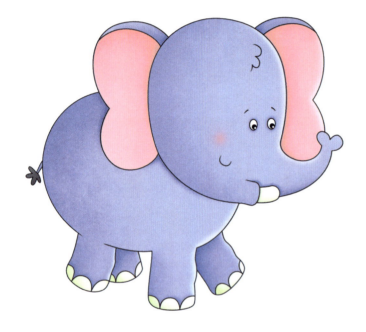

elefante

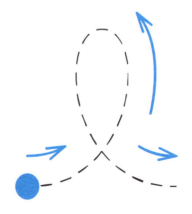

Pinte a escova e cubra o tracejado da vogal *e*.

Subo e desço uma curvinha
Parecida com um lacinho
É assim que vou fazendo
A letra e com caprichinho.

Cantiga elaborada especialmente para esta obra.
(Melodia: Terezinha de Jesus.)

escova

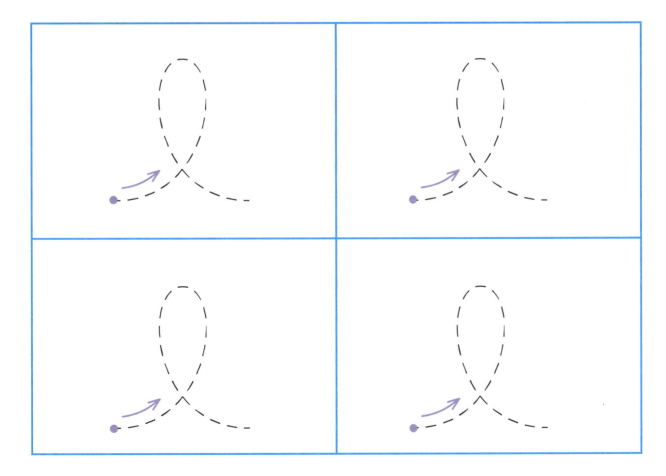

Cubra o tracejado da vogal _e_ e escreva-a nos quadros vazios.

esquilo

Vogal i

Com o dedo, treine o movimento correto da letra i.
Depois, pinte-a com giz de cera.

iogurte

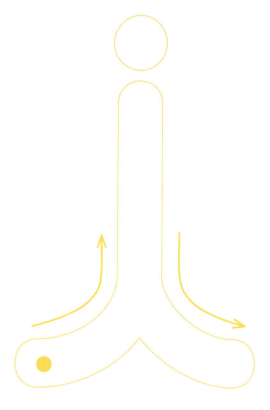

Diga o nome da figura e cubra o tracejado da letra i.

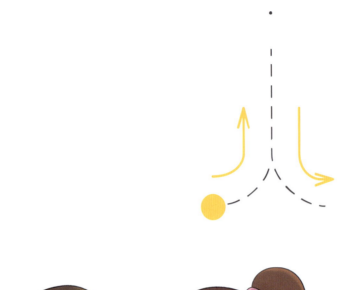

irmãs

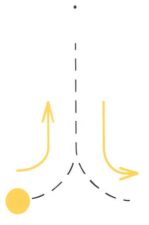

Pinte o ioiô e cubra o tracejado da vogal i.

O i é uma letrinha
Muito fácil de fazer.
Ele é todo espigadinho
E na cabeça tem um pontinho.

Cantiga elaborada especialmente para esta obra.
(Melodia: A canoa virou.)

i

ioiô

Cubra o tracejado da vogal **i** e escreva-a nos quadros vazios.

Mario Friedlander/Pulsar Imagens

indiozinho

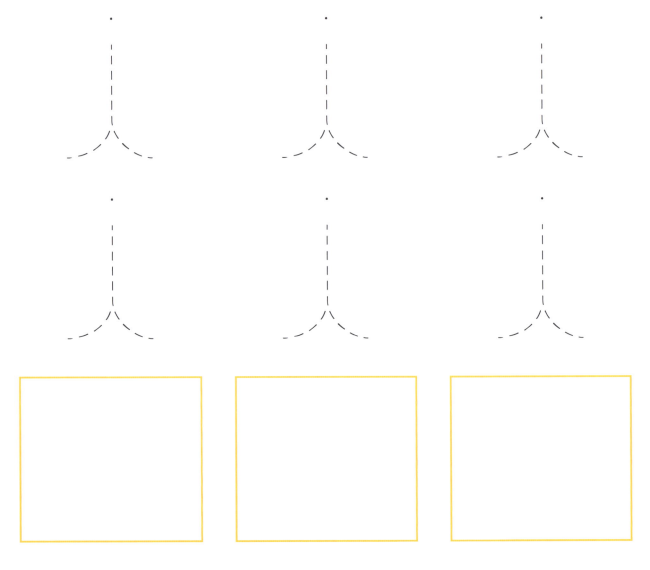

Vogal o

Com o dedo, treine o movimento correto da letra o.
Depois, pinte-a com giz de cera.

osso

Diga o nome da figura e cubra o tracejado da letra o.

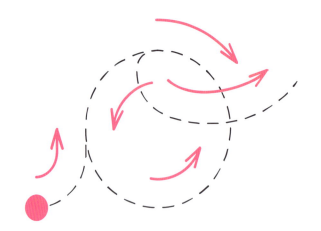

ovelha

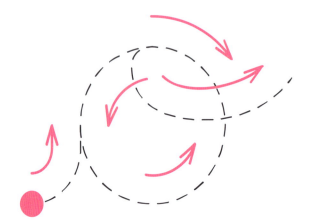

Pinte o ovo e cubra o tracejado da letra *o*.

Veja, veja, amiguinho,
Como sou bonitinho!
Pareço uma bolinha,
Eu sou todo redondinho.

Cantiga elaborada especialmente para esta obra.
(Melodia: A canoa virou.)

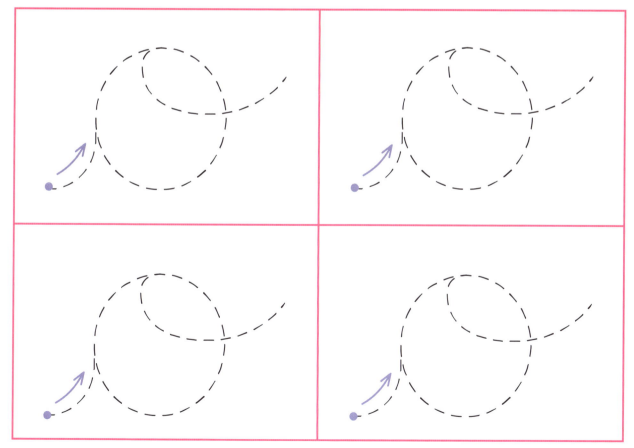

Cubra o tracejado da vogal o e escreva-a nos quadros vazios.

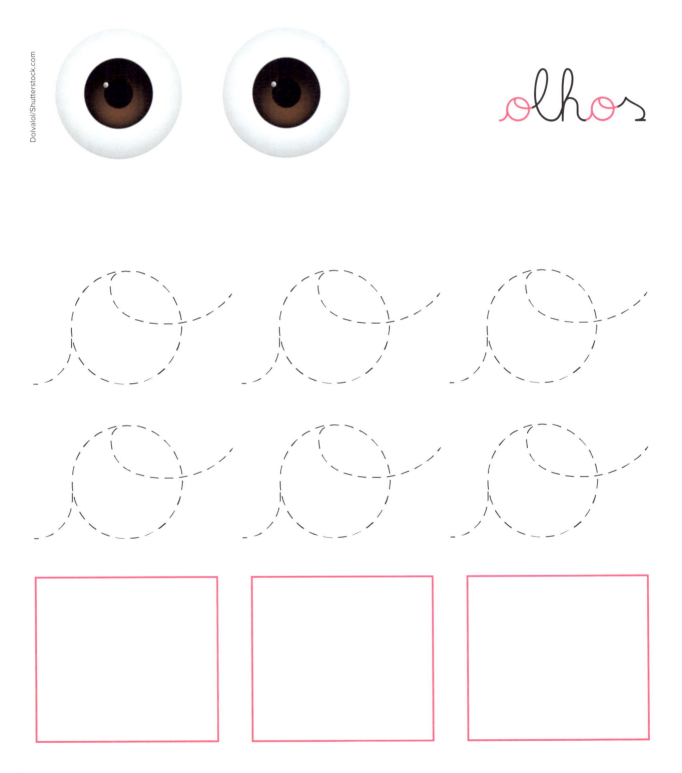

olhos

Vogal u

Com o dedo, treine o movimento correto da letra u.
Depois, pinte-a com giz de cera.

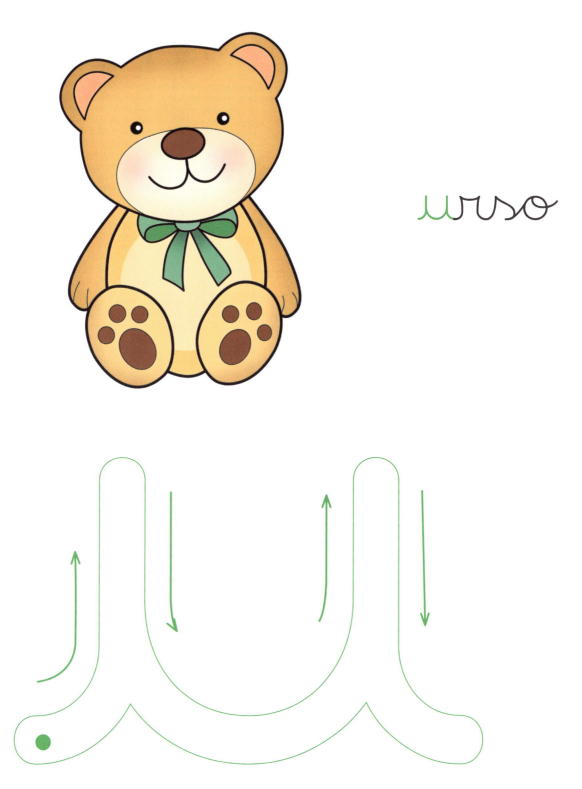

urso

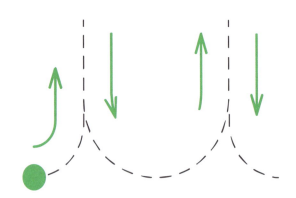

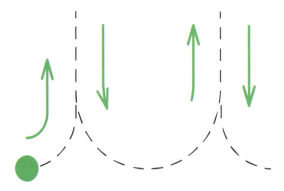

Pinte o unicórnio e cubra o tracejado da vogal u.

Com o lápis, subo e desço.
Como é fácil desenhar!
O u é uma letrinha.
Ele tem duas perninhas.

Cantiga elaborada especialmente para esta obra.
(Melodia: Terezinha de Jesus.)

unicórnio

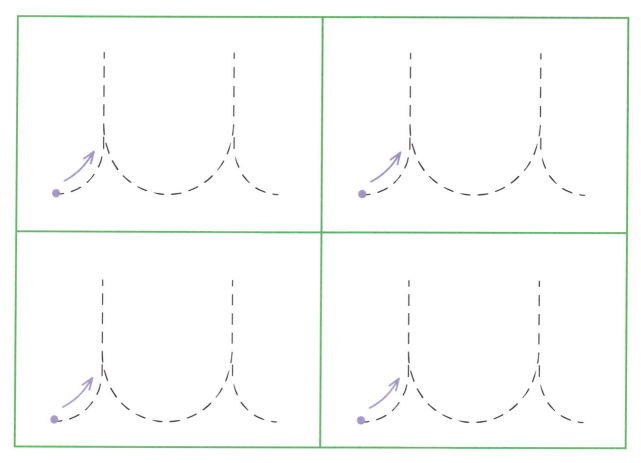

Cubra o tracejado da vogal u e escreva-a nos quadros vazios.

Revendo as vogais

Cubra os tracejados e ligue as vogais iguais.

a, e, i, o, u

Lá em casa
tem um gato,
um cachorro e
um tatu!

Poema elaborado
especialmente para esta obra.

Leia as vogais, cubra o tracejado delas e copie-as nos quadros.

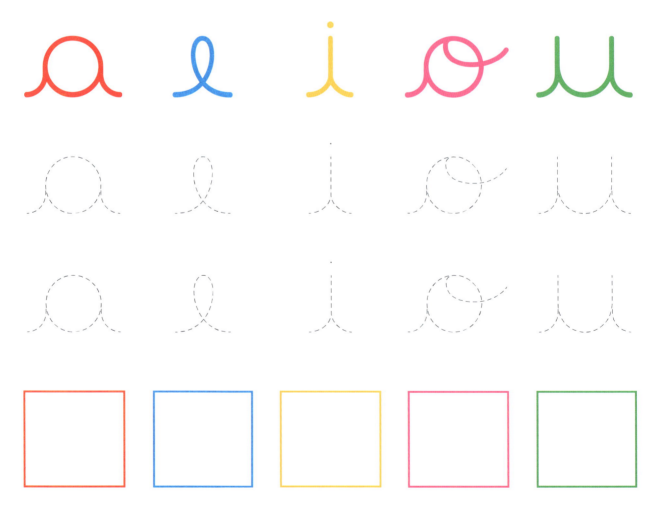

Leia a vogal que aparece no corpo de cada coelhinho e escreva-a no quadro.

Juntando as vogais

Junte as vogais e cubra o tracejado das palavras formadas.

a + u = au

a + i = ai

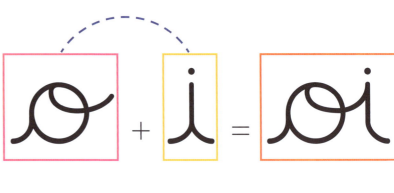 +  =

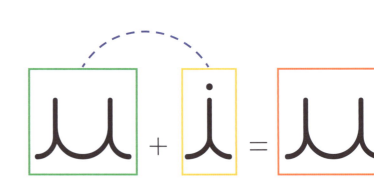

Leia as palavras, cubra o tracejado delas e copie-as.

Números

Pinte o número 1 (um).

Conte quantos palhacinhos há e faça o número 1 cobrindo o tracejado.

um palhaço

Pinte o número 2 (dois).

dois

Conte as bailarinas e faça o número 2 cobrindo o tracejado.

duas bailarinas

Pinte o número 3 (três).

três

Conte os porquinhos e faça o número 3 cobrindo o tracejado.

três porquinhos

quatro

Conte os sapinhos e faça o número 4 cobrindo o tracejado.

quatro sapos

Pinte o número 5 (cinco).

cinco

Conte os gatinhos e faça o número 5 cobrindo o tracejado.

cinco gatos

Pinte o número 6 (seis).

seis

Conte os cachorrinhos e faça o número **6** cobrindo o tracejado.

seis cachorros

Pinte o número 7 (sete).

sete

Conte os pandas e faça o número 7 cobrindo o tracejado.

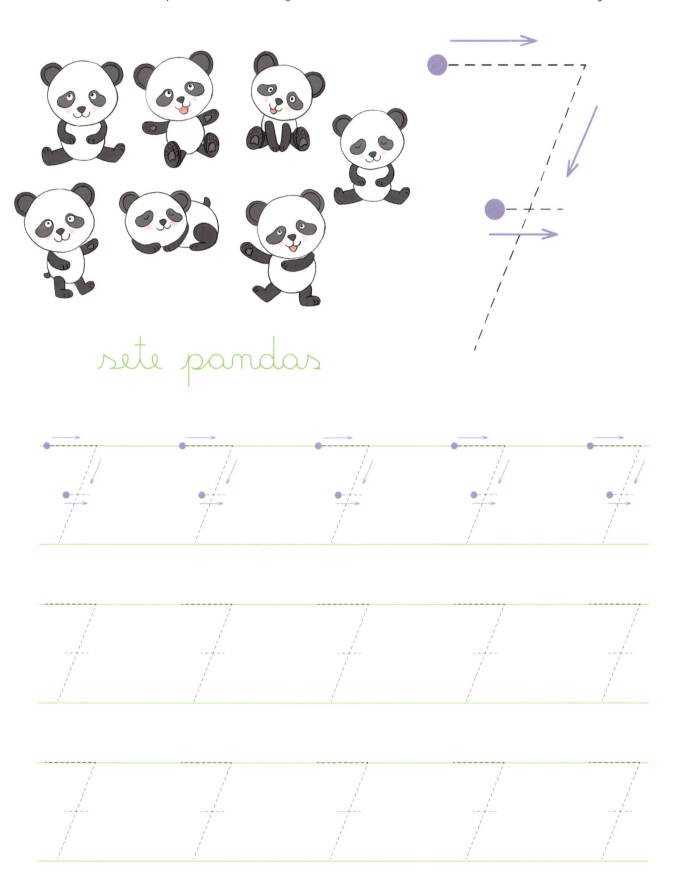

sete pandas

Pinte o número 8 (oito).

oito

Conte os pintinhos e faça o número 8 cobrindo o tracejado.

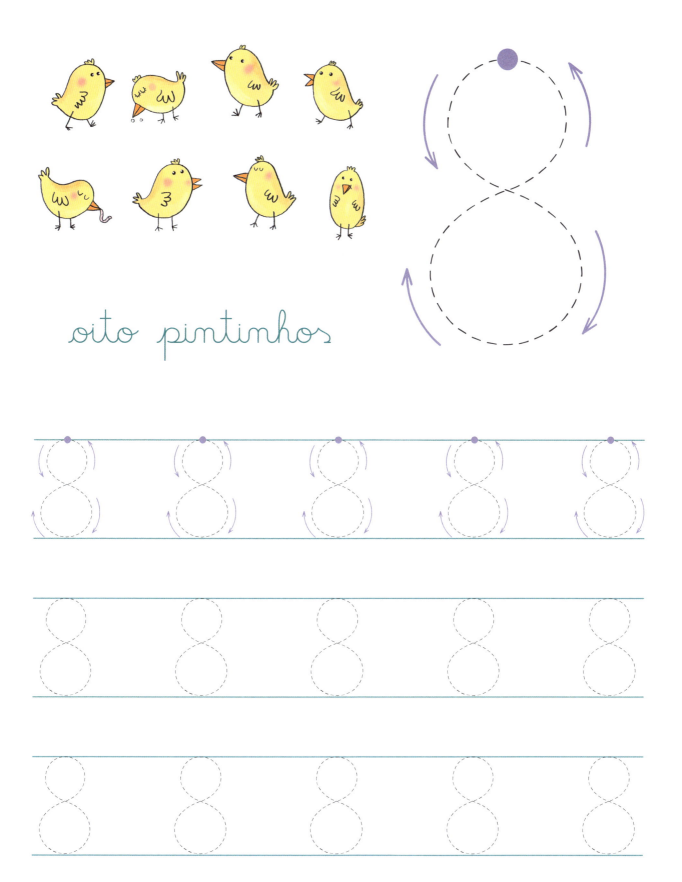

oito pintinhos

Pinte o número 9 (nove).

nove

Conte as libélulas e faça o número **9** cobrindo o tracejado.

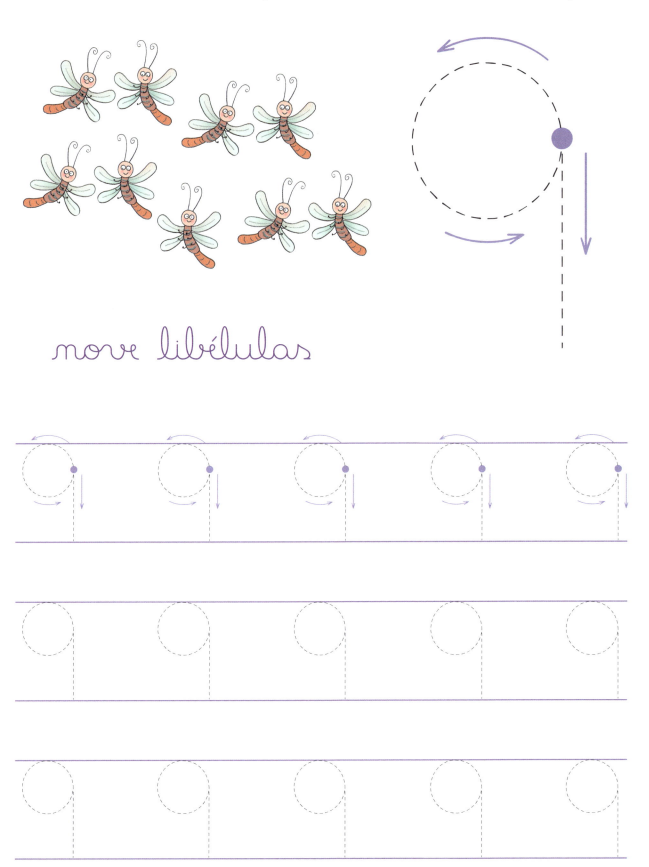

nove libélulas

Revendo os números

Complete o tracejado dos números que você aprendeu. Depois, pinte os cofrinhos.

Usando canetinha hidrocor **preta**, desenhe, em cada palhaço, a quantidade de fios de cabelo indicada pelo número. Observe o modelo.

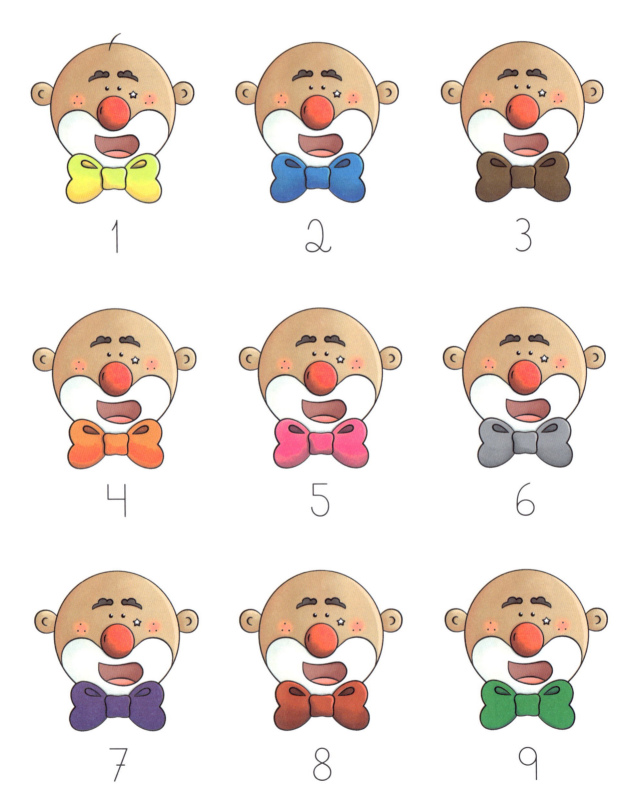

Figuras geométricas

Círculo

Cubra os pontilhados para completar o desenho da borboleta e pinte os círculos formados.

Triângulo

Cubra os pontilhados com as cores indicadas para desenhar um chapéu para cada criança e pinte os triângulos formados.

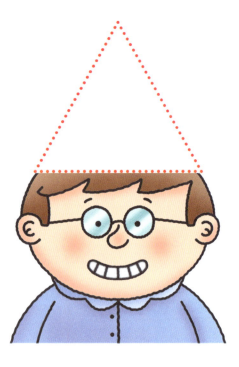
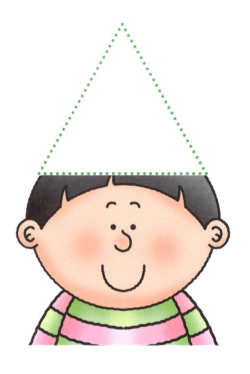

Quadrado

Cubra os pontilhados com as cores indicadas para desenhar as caixinhas de presente e pinte os quadrados formados.

Revendo as figuras geométricas

Cubra os tracejados para completar as figuras geométricas. Depois, ligue as figuras iguais e diga o nome delas.

 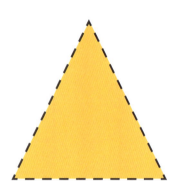 

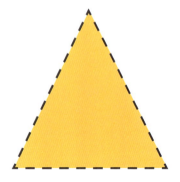  

Pinte as figuras geométricas de acordo com as cores indicadas.

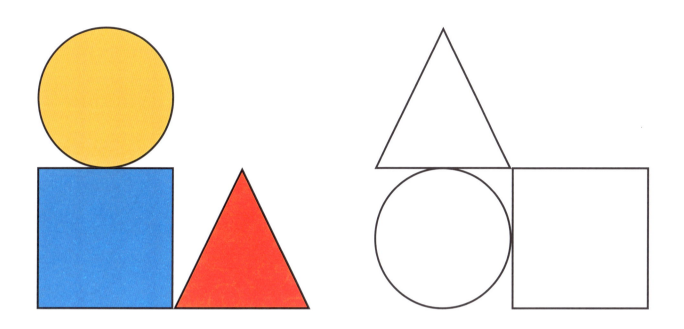

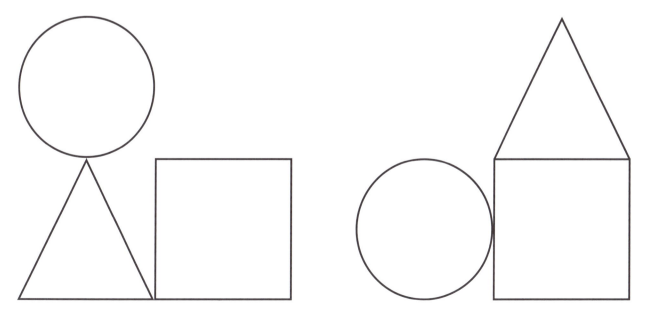

Datas comemorativas

Dia Internacional da Mulher – 8 de março

Cubra os pontilhados com as cores indicadas e deixe o colar desta mulher bem colorido. Depois, termine de pintá-la.

Páscoa

Cubra os tracejados para desenhar o bigode dos coelhinhos. Depois, desenhe o bigode no coelhinho que não o tem.

Dia do Índio – 19 de abril

Cubra os tracejados com as cores indicadas e pinte o indiozinho.

Dia das Mães – 2º domingo de maio

Cubra o tracejado para levar o filho até a mãe.

Festas Juninas – Mês de junho

Pinte os espaços do desenho da cor dos pontinhos.

Dia dos Pais – 2º domingo de agosto

Continue desenhando a barba deste papai. Depois, pinte-o.

Dia da Árvore – 21 de setembro

Usando cotonetes e tinta guache, continue fazendo bolinhas em toda a copa da árvore.

Cuide das árvores!

Continue desenhando as penas da coruja. Depois, pinte-a.

Dia da Criança – 12 de outubro

Leve cada criança a seu brinquedo cobrindo os tracejados com cola colorida.

Dia do Professor – 15 de outubro

Desenhe seu professor dentro da flor.

Pinte bem bonito o cachorrinho.

Parabéns, criança!
Este livro terminou, mas no ano
que vem tem mais!